Tobias and the Moonship And Other Bilingual Danish-English Stories for Kids

Pomme Bilingual

Published by Pomme Bilingual, 2024.

While every precaution has been taken in the preparation of this book, the publisher assumes no responsibility for errors or omissions, or for damages resulting from the use of the information contained herein.

TOBIAS AND THE MOONSHIP AND OTHER BILINGUAL DANISH-ENGLISH STORIES FOR KIDS

First edition. December 23, 2024.

ISBN: 979-8230138372

Written by Pomme Bilingual.

Table of Contents

Tobias og Måneskibet

Tobias elskede stjernerne. Hver aften lå han på ryggen i familiens baghave med næsen vendt mod nattehimlen. Han drømte om galakser, måner og planeter, som han ville besøge en dag.

"Freja!" råbte han til sin storesøster en aften. "Tror du, jeg nogensinde kan rejse til månen?"

Freja, der sad på trappen og læste en bog, smilede. "Hvis nogen kan, Tobias, så er det dig."

"Men jeg har ikke et rumskib," sukkede Tobias og satte sig op.

"Så byg et," svarede Freja og blinkede.

Tobias' øjne lyste op. "Ja! Jeg vil bygge mit eget Måneskib!"

Næste morgen gik Tobias i gang. Han rodede i skuret og fandt gamle træplanker, søm, en ødelagt cykel og en bunke tomme malerbøtter.

"Freja, vil du hjælpe mig?" spurgte han.

"Jeg er ikke nogen astronaut," grinede hun, "men jeg kan finde maling og pensler."

Sammen begyndte de at bygge Måneskibet. Tobias designede det, mens Freja malede det med blå og sølvfarvede stjerner. På siden skrev Tobias: *Måneskibet.*

"Det ser perfekt ud!" udbrød Freja.

"Det er ikke bare perfekt," sagde Tobias. "Det er klar til at flyve."

Da Måneskibet stod færdigt, samlede Tobias en bunke forsyninger: et tæppe, en lommelygte og en termokande med kakao. Han satte sig ind og kiggede på Freja.

"Nu skal jeg bare finde ud af, hvordan jeg får det til at flyve," sagde han.

Freja satte sig på hug foran ham. "Tror du på, at det kan flyve?"

Tobias tøvede. "Jeg ved det ikke... Det er bare et legetøjsskib."

"Nej," sagde Freja og tog hans hånd. "Det er dit Måneskib. Hvis du tror på det, så kan det."

Tobias så på sin søster og nikkede langsomt. "Okay. Jeg vil tro på det."

Samme aften kravlede Tobias ind i Måneskibet igen. Han havde taget sin lommelygte og en stjernekikkert med. Freja stod udenfor og vinkede.

"Er du klar, astronaut Tobias?" råbte hun.

"Jeg er klar!" råbte han tilbage.

Han lukkede øjnene og forestillede sig skibet løfte sig fra jorden. Først langsomt, så hurtigere og hurtigere. Han mærkede, hvordan vinden susede omkring ham, og da han åbnede øjnene, var han omgivet af stjerner.

"Jeg flyver!" råbte Tobias.

Måneskibet fløj gennem mørket. Tobias så planeter glimte i det fjerne og meteorer, der strøg forbi som fyrværkeri. Da han nærmede sig månen, så han dens kraterfyldte overflade lyse op under ham.

Han landede forsigtigt og trådte ud af skibet. Jorden var en lille blå kugle langt væk.

"Det her er utroligt," hviskede Tobias for sig selv.

Han samlede en sten op som et minde og kiggede op mod stjernerne. "Jeg gjorde det!"

Pludselig hørte han en stemme.

"Tobias! Tobias! Vågn op!"

Han åbnede øjnene og så Freja stå over ham i baghaven. Han lå stadig i Måneskibet med tæppet omkring sig.

"Du faldt i søvn," sagde Freja og grinede. "Hvordan gik din rejse?"

Tobias smilede stort. "Jeg fløj til månen, Freja. Jeg gjorde det!"

Freja hjalp ham ud af Måneskibet. "Jeg sagde jo, at du kunne. Du skal bare tro på det."

Næste dag begyndte Tobias at bygge videre på Måneskibet.

"Hvad laver du nu?" spurgte Freja.

"Jeg skal til Mars," sagde Tobias med et grin.

Freja grinede. "Jeg vil med denne gang."

Tobias and the Moonship

Tobias loved the stars. Every evening, he would lie on his back in the family's backyard, gazing up at the night sky. He dreamed of galaxies, moons, and planets that he hoped to visit one day.

"Freja!" he called to his older sister one evening. "Do you think I'll ever be able to travel to the moon?"

Freja, who was sitting on the steps reading a book, smiled. "If anyone can, Tobias, it's you."

"But I don't have a spaceship," Tobias sighed, sitting up.

"Then build one," Freja replied, winking.

Tobias's eyes lit up. "Yes! I'll build my own Moonship!"

The next morning, Tobias got to work. He rummaged through the shed and found old wooden planks, nails, a broken bicycle, and a pile of empty paint cans.

"Freja, will you help me?" he asked.

"I'm not an astronaut," she laughed, "but I can find some paint and brushes."

Together, they began building the Moonship. Tobias designed it, while Freja painted it with blue and silver stars. On the side, Tobias wrote: *Moonship.*

"It looks perfect!" Freja exclaimed.

"It's not just perfect," Tobias said. "It's ready to fly."

When the Moonship was finished, Tobias gathered a pile of supplies: a blanket, a flashlight, and a thermos of cocoa. He climbed in and looked at Freja.

"Now I just need to figure out how to make it fly," he said.

Freja crouched down in front of him. "Do you believe it can fly?"

Tobias hesitated. "I'm not sure... It's just a toy ship."

"No," Freja said, taking his hand. "It's your Moonship. If you believe in it, then it can."

Tobias looked at his sister and nodded slowly. "Okay. I'll believe in it."

That same evening, Tobias climbed back into the Moonship. He had brought his flashlight and a star telescope. Freja stood outside, waving.

"Are you ready, astronaut Tobias?" she called.

"I'm ready!" he shouted back.

He closed his eyes and imagined the ship lifting off the ground. First slowly, then faster and faster. He felt the wind rush around him, and when he opened his eyes, he was surrounded by stars.

"I'm flying!" Tobias shouted.

The Moonship flew through the darkness. Tobias saw planets glimmering in the distance and meteors streaking by like fireworks. As he approached the moon, he saw its crater-filled surface glowing beneath him.

He landed carefully and stepped out of the ship. The Earth was a small blue ball far away.

"This is incredible," Tobias whispered to himself.

He picked up a stone as a memento and looked up at the stars. "I did it!"

Suddenly, he heard a voice.

"Tobias! Tobias! Wake up!"

He opened his eyes and saw Freja standing over him in the backyard. He was still inside the Moonship, wrapped in the blanket.

"You fell asleep," Freja said, laughing. "How was your journey?"

Tobias smiled widely. "I flew to the moon, Freja. I did it!"

Freja helped him out of the Moonship. "I told you that you could. You just have to believe in it."

The next day, Tobias began working on the Moonship again.

"What are you doing now?" Freja asked.

"I'm going to Mars," Tobias said with a grin.

Freja laughed. "I'm coming with you this time."

Hanne og Det Skæve Hus

I udkanten af byen, hvor grusstien blev til skov, lå et hus, der var så skævt, at det så ud, som om det ville vælte ved det mindste vindpust. Taget var bulet, vinduerne skæve, og haven var fyldt med ukrudt. Folk i byen kaldte det *Det Skæve Hus*, og ingen gik derhen.

Børnene sagde, at det var hjemsøgt. De voksne hviskede om den gamle mand, der boede der, Lars. Han kom aldrig ind til byen, og når nogen nærmede sig huset, trak han gardinerne for.

Men for Hanne, en nysgerrig pige med fletninger og grønne gummistøvler, var huset spændende.

En efterårsdag gik Hanne forbi Det Skæve Hus med sin røde bold. Den trillede fra hende og stoppede lige foran lågen til haven.

"Hvad gør jeg nu?" mumlede hun og kiggede op mod huset.

Døren knirkede på klem, og en ældre mand med hvidt hår og en slidt sweater trådte ud.

"Er det din bold?" spurgte han med en ru stemme.

Hanne nikkede. "Ja. Jeg hedder Hanne."

Han så på hende et øjeblik og kastede så bolden tilbage. "Lars," sagde han kort, inden han vendte sig om og gik ind igen.

Hanne stod lidt og så efter ham. Han virkede ikke farlig, bare ensom.

De næste dage gik Hanne ofte forbi huset, og hver gang vinkede hun til Lars. Han begyndte at vinke tilbage, selvom han stadig ikke sagde meget.

En dag tog Hanne mod til sig. Hun åbnede lågen og gik op til døren. Hun bankede forsigtigt.

"Kom ind," lød det inde fra huset.

Indenfor var huset lige så skævt som udenfor. Stolene vippede, og der var støv overalt. Men i hjørnet stod en gammel klaverlampe, der stadig lyste varmt.

"Hvad vil du?" spurgte Lars.

"Jeg ville bare sige hej," sagde Hanne og smilede. "Og måske hjælpe med haven?"

Lars så overrasket ud. "Haven?"

"Ja," sagde hun. "Jeg elsker planter."

Den næste dag mødte Hanne op med en kurv fuld af frø og en lille skovl. Lars stod i døren og så skeptisk på hende.

"Det er bare ukrudt," mumlede han.

"Det kan blive smukt," sagde Hanne bestemt.

Hun begyndte at fjerne ukrudtet, mens Lars langsomt kom tættere på. Først hjalp han med at bære en gammel potte frem. Så fandt han en rusten rive.

Dag for dag begyndte haven at forandre sig. De plantede blomster, rensede stierne og hængte en gammel gynge op i det store egetræ.

En dag foreslog Hanne: "Skal vi også rydde op indenfor?"

Lars tøvede, men nikkede til sidst. Sammen tørrede de støv af hylder, rettede billeder på væggene og åbnede vinduerne. Sollyset strømmede ind og fyldte huset med varme.

"Jeg havde glemt, hvordan huset kunne se ud," sagde Lars og smilede for første gang.

Hanne opdagede, at han havde gamle bøger og billeder fra rejser. "Du har oplevet så meget!" sagde hun.

"Det var længe siden," svarede han stille.

Folk i byen begyndte at bemærke det. Det Skæve Hus så ikke længere så uhyggeligt ud. Blomsterne i haven stod i fuldt flor, og Lars kom endda ind til torvet en gang imellem for at købe frø og værktøj.

"Hvad er der sket med ham?" spurgte folk.

"Hanne," svarede Lars bare med et lille smil.

En eftermiddag sad Hanne og Lars i haven og nød solen. "Hanne," sagde Lars, "jeg har noget til dig."

Han gik ind i huset og kom tilbage med en lille plante i en potte.

"Den her plante betyder meget for mig. Jeg tog den med hjem fra en af mine rejser. Den er stærk, ligesom dig."

Hanne tog planten og krammede Lars. "Tak. Men huset og haven er stærke, fordi vi gjorde det sammen."

Fra den dag af blev Det Skæve Hus et sted fyldt med liv, smil og blomster. Lars og Hanne var ikke bare naboer længere; de var venner, der havde lært, at selv det mest skæve kan blive smukt, hvis man bare viser det lidt omsorg.

Hanne and The Crooked House

On the outskirts of the town, where the gravel path turned into forest, there stood a house so crooked that it looked as though it would topple at the slightest breeze. The roof was bulging, the windows were uneven, and the garden was full of weeds. People in town called it *The Crooked House*, and no one ever went near it.

The children said it was haunted. The adults whispered about the old man who lived there, Lars. He never came into town, and when anyone got close to the house, he would pull the curtains shut.

But for Hanne, a curious girl with braids and green rubber boots, the house was fascinating.

One autumn day, Hanne was walking past The Crooked House with her red ball. It rolled away from her and stopped right in front of the garden gate.

"What should I do now?" she murmured, looking up at the house.

The door creaked open, and an older man with white hair and a worn sweater stepped out.

"Is that your ball?" he asked in a rough voice.

Hanne nodded. "Yes. My name's Hanne."

He looked at her for a moment, then tossed the ball back. "Lars," he said briefly, before turning around and walking back inside.

Hanne stood there for a moment, watching him. He didn't seem dangerous, just lonely.

In the following days, Hanne often walked past the house, and each time, she waved at Lars. He began to wave back, though he still didn't say much.

One day, Hanne gathered her courage. She opened the gate and walked up to the door. She knocked gently.

"Come in," came the voice from inside the house.

Inside, the house was as crooked as the outside. The chairs tilted, and there was dust everywhere. But in the corner stood an old piano lamp, still glowing warmly.

"What do you want?" asked Lars.

"I just wanted to say hello," Hanne smiled. "And maybe help with the garden?"

Lars looked surprised. "The garden?"

"Yes," she said. "I love plants."

The next day, Hanne arrived with a basket full of seeds and a small shovel. Lars stood in the doorway, looking skeptical.

"It's just weeds," he muttered.

"It can be beautiful," Hanne said firmly.

She began pulling up the weeds while Lars slowly came closer. First, he helped carry out an old pot. Then he found a rusty rake.

Day by day, the garden began to change. They planted flowers, cleared the paths, and hung an old swing from the large oak tree.

One day, Hanne suggested, "Shall we tidy up inside too?"

Lars hesitated, but finally nodded. Together, they dusted the shelves, straightened the pictures on the walls, and opened the windows. The sunlight streamed in, filling the house with warmth.

"I had forgotten how the house could look," Lars said, smiling for the first time.

Hanne noticed that he had old books and pictures from his travels. "You've experienced so much!" she exclaimed.

"It's been a long time," he replied quietly.

People in the town began to notice. The Crooked House no longer looked so creepy. The flowers in the garden were in full bloom, and Lars even came into the square now and then to buy seeds and tools.

"What happened to him?" people asked.

"Hanne," Lars simply answered with a small smile.

One afternoon, Hanne and Lars sat in the garden, enjoying the sun. "Hanne," Lars said, "I have something for you."

He went inside the house and came back with a small plant in a pot.

"This plant means a lot to me. I brought it home from one of my travels. It's strong, just like you."

Hanne took the plant and hugged Lars. "Thank you. But the house and the garden are strong because we did it together."

From that day on, The Crooked House became a place filled with life, smiles, and flowers. Lars and Hanne were no longer just neighbors; they were friends who had learned that even the most crooked thing can become beautiful when you show it a little care.

Kasper og Havets Hemmelighed

En sommermorgen, hvor solen glimtede på bølgerne, gik Kasper ned til stranden med sin rygsæk og en pose med skiver af vandmelon. Stranden var hans yndlingssted. Han elskede lyden af bølgerne og lugten af salt i luften.

Men denne dag var anderledes. Da han gik langs strandkanten, lagde han mærke til noget, der lå stille i sandet.

"Er det en sten?" tænkte han og løb nærmere.

Hans hjerte sprang et slag over. Det var ikke en sten. Det var en delfin.

Delfinen lå stille, dens glatte hud glimtede i solen. Den trak vejret tungt, og dens øjne så trætte ud. Kasper vidste, at noget var galt.

"Du må ikke være her," hviskede han. "Du hører til i havet."

Han satte sin rygsæk fra sig og løb tilbage mod byen for at hente hjælp.

På vejen mødte han Emilie, hans bedste ven, som altid gik med en notesbog fuld af tegninger af havdyr.

"Kasper! Hvor skal du hen så hurtigt?" spurgte hun.

"Der er en delfin på stranden! Den har brug for hjælp," sagde han forpustet.

Emilie smed sin notesbog i sin taske. "Vis mig!"

De løb sammen tilbage til stranden. Da Emilie så delfinen, satte hun sig straks på knæ ved siden af den.

"Vi skal holde dens hud fugtig," sagde hun. "Har du noget vand?"

Kasper nikkede og hentede en flaske vand fra sin rygsæk. Sammen begyndte de forsigtigt at hælde vand over delfinens hud.

"Vi kan ikke gøre det her alene," sagde Emilie. "Vi skal have hjælp fra en voksen."

Kasper tøvede. "Hvad hvis de ikke kommer hurtigt nok?"

"Vi bliver nødt til at prøve," sagde Emilie.

De løb til den lokale strandstation og fandt strandvagten, en venlig mand ved navn Jens. Han lyttede alvorligt til deres historie og tog straks sin radio frem for at kontakte dyrebeskyttelsen.

Kort efter kom en gruppe frivillige med en stor båre. De arbejdede hurtigt og forsigtigt med at løfte delfinen.

"Den er dehydreret," forklarede en af dem. "Vi skal have den tilbage i vandet, men vi skal også sikre, at den er stærk nok til at svømme."

Kasper og Emilie hjalp til ved at hælde vand over delfinen og berolige den med blide ord.

Da delfinen endelig blev sat ud i vandet, piftede og klappede alle på stranden. Delfinen svømmede langsomt væk, men vendte sig om og sprang op af vandet, som om den sagde tak.

"Vi gjorde det!" sagde Kasper og smilede stort til Emilie.

Emilie nikkede, men hendes ansigt blev alvorligt. "Kasper, det her skete, fordi havet ikke har det godt. Tænk på alt det affald, vi ser, når vi går her."

Kasper så ud over vandet. "Vi skal gøre noget."

De næste dage begyndte Kasper og Emilie at samle affald på stranden. De organiserede også en dag, hvor folk fra byen kom og hjalp med at rense kysten.

Emilie tegnede skilte med teksten: "Beskyt Havet" og "Ingen Plastik i Naturen." Kasper delte dem ud til lokale butikker.

Byens folk begyndte at lægge mærke til deres indsats, og snart blev stranden renere, og havet mere levende.

En aften sad Kasper og Emilie på stranden og kiggede ud over vandet. Stjernerne glimtede, og havet virkede fredfyldt.

"Tror du, delfinen har det godt?" spurgte Kasper.

"Ja," sagde Emilie. "Og jeg tror, den ville være stolt af os."

Kasper smilede. "Havet har sine hemmeligheder, men én ting ved vi: Det er vores ansvar at passe på det."

De to venner sad stille og lyttede til bølgernes hvisken, velvidende at de havde gjort en forskel – ikke kun for delfinen, men for hele havet.

Kasper and the Secret of the Sea

One summer morning, as the sun sparkled on the waves, Kasper walked down to the beach with his backpack and a bag of watermelon slices. The beach was his favorite place. He loved the sound of the waves and the smell of salt in the air.

But today was different. As he walked along the shore, he noticed something lying still in the sand.

"Is that a stone?" he thought and ran closer.

His heart skipped a beat. It wasn't a stone. It was a dolphin.

The dolphin lay still, its smooth skin shimmering in the sun. It breathed heavily, and its eyes looked tired. Kasper knew something was wrong.

"You shouldn't be here," he whispered. "You belong in the sea."

He put his backpack down and ran back to the town to get help.

On his way, he met Emilie, his best friend, who always carried a notebook full of drawings of sea animals.

"Kasper! Where are you going so fast?" she asked.

"There's a dolphin on the beach! It needs help," he said, out of breath.

Emilie threw her notebook into her bag. "Show me!"

They ran back to the beach together. When Emilie saw the dolphin, she immediately knelt beside it.

"We need to keep its skin wet," she said. "Do you have any water?"

Kasper nodded and took a water bottle from his backpack. Together, they carefully began pouring water over the dolphin's skin.

"We can't do this alone," Emilie said. "We need help from an adult."

Kasper hesitated. "What if they don't come quickly enough?"

"We have to try," Emilie said.

They ran to the local lifeguard station and found the lifeguard, a kind man named Jens. He listened seriously to their story and immediately took out his radio to contact animal protection.

Shortly after, a group of volunteers arrived with a large stretcher. They worked quickly and carefully to lift the dolphin.

"It's dehydrated," one of them explained. "We need to get it back into the water, but we also need to make sure it's strong enough to swim."

Kasper and Emilie helped by pouring water over the dolphin and calming it with gentle words.

When the dolphin was finally released into the water, everyone on the beach cheered and clapped. The dolphin swam slowly away, but turned around and jumped out of the water as if saying thank you.

"We did it!" Kasper said, smiling broadly at Emilie.

Emilie nodded, but her face grew serious. "Kasper, this happened because the sea isn't doing well. Think about all the trash we see when we walk here."

Kasper looked out over the water. "We need to do something."

In the following days, Kasper and Emilie began picking up trash on the beach. They also organized a day when people from the town came to help clean the coast.

Emilie made signs that said: "Protect the Sea" and "No Plastic in Nature." Kasper handed them out to local shops.

The townspeople began to notice their efforts, and soon the beach was cleaner, and the sea more alive.

One evening, Kasper and Emilie sat on the beach, looking out over the water. The stars twinkled, and the sea seemed peaceful.

"Do you think the dolphin is okay?" Kasper asked.

"Yes," Emilie said. "And I think it would be proud of us."

Kasper smiled. "The sea has its secrets, but one thing we know for sure: It's our responsibility to take care of it."

The two friends sat quietly, listening to the whisper of the waves, knowing they had made a difference – not just for the dolphin, but for the entire sea.

Astrid og Skyernes By

A strid sad i sit lille værksted, omgivet af tandhjul, skruer og papirstumper med skitser. Hendes fingre var dækket af olie, og hendes øjne lyste af koncentration. Hun elskede at opfinde ting, og denne gang arbejdede hun på sit største projekt nogensinde: en flyvemaskine.

Hendes far havde drillet hende, da hun begyndte. "En flyvemaskine? Hvor vil du dog flyve hen, Astrid?" havde han sagt med et grin. Men Astrid vidste det ikke selv. Hun havde bare en følelse af, at der var noget magisk deroppe, gemt blandt skyerne.

Astrid havde altid været fascineret af himlen. Som barn havde hun ligget i græsset og set på skyerne, der lignede dyr, slotte og nogle gange hele byer. "Hvad hvis der virkelig er en by oppe i skyerne?" tænkte hun ofte.

Denne tanke var, hvad der havde fået hende til at bygge sin maskine, som hun havde døbt *Skyfløjten*.

Efter mange ugers arbejde var hun endelig klar til at teste den. Maskinen havde store vinger lavet af træ og lærred og en lille motor, hun havde samlet af gamle dele. Med hjertet bankende i brystet trak hun maskinen ud på marken bag huset.

Astrid tændte motoren, og med en brummen begyndte propellen at snurre. Hun klatrede op i sædet og tog fat i styrepinden. "Kom så, Skyfløjte," sagde hun og gav den gas.

Maskinen rullede hen over marken, og pludselig løftede den sig fra jorden. Astrid kunne næsten ikke tro det. Hun fløj! Vinden susede i hendes hår, og verden nedenunder blev mindre og mindre.

Højere og højere steg hun, indtil hun var omgivet af skyer. De føltes næsten som flødeskum, så tætte og hvide. Men pludselig så hun noget, der fik hende til at glemme alt andet.

Foran hende dukkede en by op, gemt mellem skyerne. Bygningerne var høje og slanke, lavet af noget, der lignede glitrende krystaller. Små luftskibe svævede mellem tårnene, og der var broer, der strakte sig som regnbuer.

Astrid gned sine øjne. "Er det her virkeligt?" hviskede hun.

Hun styrede Skyfløjten mod en af de større platforme og landede forsigtigt. Folk i byen samledes omkring hende. De var klædt i luftige, skinnende dragter, og deres øjne lyste af nysgerrighed.

"Velkommen til Skyernes By," sagde en kvinde med sølvhår og et venligt smil.

Astrid forklarede, hvordan hun havde bygget sin flyvemaskine og fløjet op for at finde ud af, hvad der gemte sig i skyerne. Skyfolkene lyttede med store øjne.

"Du er den første fra jorden, der har fundet os i mange, mange år," sagde kvinden. "Vi troede, at jeres verden havde glemt, hvordan man drømmer."

"Glemt hvordan man drømmer?" spurgte Astrid.

"Ja," sagde en gammel mand med et langt skæg. "Jeres verden ser op på himlen, men kun for at tænke på, hvordan man kan udnytte den. Du er anderledes. Du ser op for at finde noget vidunderligt."

Skyfolkene viste Astrid rundt i deres by. Hun så haver, hvor blomsterne glødede som stjerner, og springvand, hvor vandet svævede i luften som små kugler. Hun lærte om deres liv, hvor alt handlede om at bevare fantasien og glæden ved opdagelse.

"Vi bygger ikke for at eje," forklarede kvinden med sølvhåret. "Vi bygger for at udforske og dele."

Astrid følte, at hun havde fundet en slags familie, der forstod hende på en måde, ingen andre havde gjort før.

Men som solen begyndte at gå ned, vidste Astrid, at hun måtte tilbage til jorden. Skyfolkene gav hende en lille krystal, der glimtede som en regnbue.

"Dette er en påmindelse," sagde kvinden. "Brug den til at inspirere din verden til at drømme igen."

Astrid takkede dem og steg op i Skyfløjten. Hun vinkede farvel og fløj tilbage gennem skyerne, mens Skyernes By forsvandt bag hende.

Da Astrid landede hjemme, føltes alt anderledes. Hun holdt krystallen i hånden og vidste, at hun havde en opgave.

Hun begyndte at fortælle folk om sin rejse, om Skyernes By og de fantastiske ting, hun havde set. Nogle lo og rystede på hovedet, men andre lyttede med glimt i øjnene.

Astrid byggede flere maskiner og opfordrede andre til at se op mod himlen med nysgerrighed og drømme om det, de kunne finde.

Skyernes By blev hendes hemmelighed, men også hendes inspiration. Hver gang hun kiggede på krystallen, mindede den hende om, at verden var fuld af vidundere – for dem, der tør drømme og lede efter dem.

Og sådan begyndte Astrid at bringe lidt af Skyernes magi tilbage til jorden.

Astrid and the City of Clouds

A strid sat in her small workshop, surrounded by gears, screws, and scraps of paper with sketches. Her fingers were covered in oil, and her eyes sparkled with concentration. She loved inventing things, and this time, she was working on her biggest project yet: an airplane.

Her father had teased her when she first started. "An airplane? Where do you think you're going to fly, Astrid?" he had said with a grin. But Astrid didn't know either. She just had a feeling that there was something magical up there, hidden among the clouds.

Astrid had always been fascinated by the sky. As a child, she would lie in the grass, watching the clouds that looked like animals, castles, and sometimes whole cities. "What if there's really a city up in the clouds?" she often wondered.

That thought was what had driven her to build her machine, which she had named *Skyflute*.

After many weeks of work, she was finally ready to test it. The machine had large wings made of wood and canvas, and a small engine she had assembled from old parts. With her heart pounding in her chest, she rolled the machine out onto the field behind her house.

Astrid started the engine, and with a hum, the propeller began to spin. She climbed into the seat and grasped the control stick. "Come on, Skyflute," she said, giving it gas.

The machine rolled across the field, and suddenly, it lifted off the ground. Astrid could hardly believe it. She was flying! The wind rushed through her hair, and the world below became smaller and smaller.

Higher and higher she rose until she was surrounded by clouds. They felt almost like whipped cream, so thick and white. But suddenly, she saw something that made her forget everything else.

Before her, a city appeared, hidden among the clouds. The buildings were tall and slender, made of something that looked like sparkling crystals. Small airships floated between the towers, and there were bridges stretching like rainbows.

Astrid rubbed her eyes. "Is this real?" she whispered.

She steered the Skyflute toward one of the larger platforms and landed carefully. People in the city gathered around her. They were dressed in airy, shimmering garments, and their eyes sparkled with curiosity.

"Welcome to the City of Clouds," said a woman with silver hair and a friendly smile.

Astrid explained how she had built her flying machine and flown up to discover what was hidden in the clouds. The Sky People listened with wide eyes.

"You are the first from the earth to find us in many, many years," said the woman. "We thought your world had forgotten how to dream."

"Forgotten how to dream?" Astrid asked.

"Yes," said an old man with a long beard. "Your world looks up to the sky, but only to think about how to exploit it. You are different. You look up to find something wonderful."

The Sky People showed Astrid around their city. She saw gardens where flowers glowed like stars, and fountains where water floated in the air like little orbs. She learned about their way of life, where everything was about preserving imagination and the joy of discovery.

"We don't build to own," explained the woman with silver hair. "We build to explore and share."

Astrid felt as though she had found a kind of family who understood her in a way no one else ever had.

But as the sun began to set, Astrid knew she had to return to Earth. The Sky People gave her a small crystal that sparkled like a rainbow.

"This is a reminder," the woman said. "Use it to inspire your world to dream again."

Astrid thanked them and climbed into the Skyflute. She waved goodbye and flew back through the clouds, while the City of Clouds disappeared behind her.

When Astrid landed back home, everything felt different. She held the crystal in her hand and knew she had a purpose.

She began telling people about her journey, about the City of Clouds and the amazing things she had seen. Some laughed and shook their heads, but others listened with a gleam in their eyes.

Astrid built more machines and encouraged others to look up at the sky with curiosity and dream about what they might find.

The City of Clouds became her secret, but also her inspiration. Every time she looked at the crystal, it reminded her that the world was full of wonders – for those who dare to dream and seek them out.

And so, Astrid began bringing a little bit of the magic of the Sky People back to Earth.

Rasmus og Den Fortryllede Vindmølle

———

Rasmus sad i bilen og kiggede ud på det åbne landskab. Markerne bredte sig, så langt øjet rakte, og en let brise fik kornet til at bølge som et gyldent hav. Foran dem, på toppen af en bakke, stod den gamle vindmølle – slidt og vindblæst, men stadig stolt.

"Er det her, vi skal hen, bedstefar?" spurgte Rasmus og skævede til den ældre mand bag rattet.

"Ja, Rasmus," sagde bedstefar med et smil. "Møllen har været i vores familie i generationer. Den trænger til en kærlig hånd – og måske lidt magi."

Da de steg ud af bilen, kunne Rasmus høre vinden hvisle gennem de gamle vinger. Han fulgte bedstefar op ad bakken og lagde mærke til, hvordan møllen så ud til at læne sig en smule til den ene side.

"Den ser... træt ud," sagde Rasmus.

Bedstefar lo. "Den er ikke bare træt. Den er ked af det. Men vi skal nok få den til at smile igen."

Inde i møllen var der mørkt og støvet. Rasmus kunne næsten ikke tro, at hans bedstefar havde arbejdet her som ung. "Hvordan skal vi reparere noget så gammelt?" spurgte han.

"Med tid, tålmodighed – og måske en hemmelighed eller to," svarede bedstefar.

Mens de begyndte at rydde op, fortalte bedstefar historier om møllen. Han forklarede, hvordan hans egen far havde brugt den til at male mel, og hvordan bedstefar selv havde gemt sig i møllen som barn, når han ville undgå sine pligter.

"Men der er noget, jeg aldrig har fortalt dig," sagde bedstefar og satte sig på en gammel træbænk.

"Hvad?" spurgte Rasmus nysgerrigt.

"Møllen er mere end bare en bygning. Den er... fortryllet."

Rasmus lo. "Fortryllet? Hvordan?"

Bedstefar pegede op på møllens store tandhjul. "Når vinden blæser på den helt rigtige måde, kan møllen fortælle historier. Den kan vise os glimt af fortiden."

De arbejdede hele dagen på at reparere møllen. Rasmus smurte de rustne gear, mens bedstefar skiftede gamle brædder ud. Hen mod aften begyndte vinden at tage til.

"Nu!" sagde bedstefar og vinkede Rasmus hen til sig. "Tag fat i det håndtag der og drej."

Rasmus tog fat i håndtaget og drejede det med al sin kraft. Med en knagende lyd begyndte møllen at bevæge sig. Vingerne drejede langsomt, og snart kunne de høre en dyb, melodisk brummen.

"Bedstefar, hvad sker der?" spurgte Rasmus.

"Vent og se," sagde bedstefar med et glimt i øjet.

Pludselig fyldtes rummet af et blødt, gyldent lys. På væggene dukkede billeder op, som om de blev malet af vinden selv. Rasmus så en ung dreng, der lignede bedstefar, løbe rundt i møllen. Han så kvinder i lange kjoler bære sække med mel, og mænd arbejde ved tandhjulene.

"Er det vores familie?" hviskede Rasmus.

Bedstefar nikkede. "Møllen husker alt. Den viser os, hvordan den engang var hjertet i vores familie. Og nu er det vores tur til at passe på den."

I de følgende uger arbejdede Rasmus og bedstefar hårdt for at færdiggøre reparationerne. De malede møllen, udskiftede de gamle vinger og sørgede for, at tandhjulene kørte som smurt.

Da møllen endelig stod færdig, fejrede de med hele familien. Rasmus kunne ikke lade være med at smile, da han så, hvordan møllen lyste op i solnedgangen.

"Bedstefar, tror du, møllen vil huske os?" spurgte han.

"Selvfølgelig," sagde bedstefar. "Og måske, en dag, vil den vise dine børn, hvad vi har gjort her."

Rasmus så op på møllen og mærkede en stolthed vokse i sig. Den var ikke bare en gammel bygning – den var en del af ham og hans familie.

Rasmus and the Enchanted Windmill

R asmus sat in the car, gazing out at the open landscape. The fields stretched as far as the eye could see, and a light breeze made the wheat sway like a golden sea. Ahead of them, atop a hill, stood the old windmill – worn and windblown, yet still proud.

"Is this where we're going, Grandpa?" Rasmus asked, glancing at the older man behind the wheel.

"Yes, Rasmus," Grandpa said with a smile. "The mill has been in our family for generations. It needs some tender care – and maybe a bit of magic."

When they got out of the car, Rasmus could hear the wind whistling through the old blades. He followed Grandpa up the hill, noticing how the mill seemed to lean slightly to one side.

"It looks... tired," Rasmus said.

Grandpa chuckled. "It's not just tired. It's sad. But we'll make it smile again."

Inside the mill, it was dark and dusty. Rasmus could hardly believe his grandfather had worked here when he was young. "How are we going to fix something this old?" he asked.

"With time, patience – and maybe a secret or two," Grandpa replied.

As they began cleaning up, Grandpa told stories about the mill. He explained how his own father had used it to grind flour, and how Grandpa had hidden in the mill as a child when he wanted to avoid his chores.

"But there's something I've never told you," Grandpa said, sitting down on an old wooden bench.

"What?" Rasmus asked curiously.

"The mill is more than just a building. It's... enchanted."

Rasmus laughed. "Enchanted? How?"

Grandpa pointed up at the mill's large gears. "When the wind blows in just the right way, the mill can tell stories. It shows us glimpses of the past."

They worked all day repairing the mill. Rasmus oiled the rusty gears while Grandpa replaced old planks. By evening, the wind began to pick up.

"Now!" Grandpa called, waving Rasmus over. "Grab that handle and turn it."

Rasmus took hold of the handle and turned it with all his might. With a creaking sound, the mill started moving. The blades turned slowly, and soon they could hear a deep, melodic humming.

"Grandpa, what's happening?" Rasmus asked.

"Wait and see," Grandpa said, his eyes sparkling.

Suddenly, the room was filled with a soft, golden light. Images began to appear on the walls, as if painted by the wind itself. Rasmus saw a young boy who looked like Grandpa, running around the mill. He saw women in long dresses carrying sacks of flour, and men working the gears.

"Is this our family?" Rasmus whispered.

Grandpa nodded. "The mill remembers everything. It shows us how it was once the heart of our family. And now it's our turn to take care of it."

In the weeks that followed, Rasmus and Grandpa worked hard to finish the repairs. They painted the mill, replaced the old blades, and made sure the gears ran smoothly.

When the mill was finally finished, they celebrated with the whole family. Rasmus couldn't help but smile when he saw the mill glowing in the sunset.

"Grandpa, do you think the mill will remember us?" he asked.

"Of course," Grandpa said. "And maybe, one day, it will show your children what we've done here."

Rasmus looked up at the mill and felt a swell of pride. It wasn't just an old building – it was a part of him and his family.

Sofie og Tidskapslen

S olen skinnede blidt ned over haven, da Sofie stak hænderne i jorden. Hun havde besluttet at plante nye blomster langs stakittet, men hendes skovl ramte noget hårdt. Hun stoppede op og skubbede jorden til side med fingrene.

"Hvad mon det er?" mumlede hun for sig selv og trak en rusten, metalboks op fra jorden.

Boksen var tung og dækket af mudder, men da Sofie tørrede den af med sit forklæde, kunne hun se, at der var indgraveret årstallet 1968 på låget.

Sofie løb ind i huset og kaldte på sin mor. "Mor, se hvad jeg har fundet!"

Hendes mor kom hen og så forundret på boksen. "Det må være en tidskapsel," sagde hun.

"Tidskapsel? Hvad er det?" spurgte Sofie.

"En tidskapsel er noget, man gemmer for fremtiden. Folk lægger ting ned i den, som fortæller om deres liv og tiden, de lever i," forklarede hendes mor.

Sofie åbnede forsigtigt boksen. Indeni lå der et falmet fotografi af en ung pige med fletninger, en dagbog, et par små legetøjsfigurer og en gammel halskæde med et hjertevedhæng.

"Mor, hvem er hun?" spurgte Sofie og pegede på pigen på billedet.

Hendes mor smilede blidt. "Det er din mormor, da hun var på din alder."

Sofie greb dagbogen og begyndte at bladre i dens sider. Håndskriften var snørklet, men læselig. "Kære dagbog," læste Sofie højt, "i dag fandt jeg en killing ved åen. Jeg kaldte den Felix."

Hendes mor lo. "Din mormor elskede dyr. Felix var hendes første kæledyr."

De læste videre og opdagede historier om mormors skoleliv, hendes drømme om at blive kunstner og hendes hemmelige møder med en dreng ved navn Lars – Sofies morfar.

Sofie kiggede op. "Hun havde en spændende barndom. Jeg vidste slet ikke, at hun var så eventyrlysten."

"Din mormor har altid været fuld af historier," sagde hendes mor. "Og nu deler hun dem med dig, selvom hun ikke er her mere."

Da de havde kigget på alle tingene i boksen, vendte Sofie sig mod sin mor. "Mor, kan vi lave vores egen tidskapsel?"

Hendes mor tænkte sig om. "Det er en fantastisk idé. Hvad vil du lægge i den?"

Sofie løb op på sit værelse og begyndte at samle ting. Hun fandt sin yndlingsbog, en tegning, hun selv havde lavet, og et armbånd, som hendes bedste veninde havde givet hende. Hun skrev også et brev:

"Til den, der finder denne tidskapsel. Jeg hedder Sofie, og jeg elsker at tegne, læse og lege i haven. Jeg håber, du har det godt, og at verden stadig er et smukt sted."

Næste dag gravede Sofie og hendes mor et hul under det store æbletræ i haven. De lagde den nye tidskapsel ned og dækkede den forsigtigt til.

"Tror du, nogen vil finde den en dag?" spurgte Sofie.

"Helt sikkert," sagde hendes mor. "Og når de gør, vil de lære lidt om, hvem du var, og hvordan livet var i dag."

Sofie kiggede op på himlen, hvor solen brød gennem grenene. Hun tænkte på sin mormor og på, hvordan deres historier nu var forbundet gennem noget så simpelt som en lille metalboks.

Sofie and the Time Capsule

The sun was gently shining over the garden as Sofie plunged her hands into the soil. She had decided to plant new flowers along the picket fence, but her shovel hit something hard. She stopped and pushed the dirt aside with her fingers.

"I wonder what this is?" she mumbled to herself, pulling a rusty metal box out of the ground.

The box was heavy and covered in mud, but as Sofie wiped it off with her apron, she could see the year 1968 engraved on the lid.

Sofie ran into the house and called for her mom. "Mom, look what I found!"

Her mom came over and stared at the box in amazement. "It must be a time capsule," she said.

"A time capsule? What's that?" Sofie asked.

"A time capsule is something people bury for the future. They put things inside that tell about their lives and the time they're living in," her mom explained.

Sofie carefully opened the box. Inside was a faded photograph of a young girl with braids, a diary, a couple of small toy figures, and an old necklace with a heart-shaped pendant.

"Mom, who is she?" Sofie asked, pointing to the girl in the picture.

Her mom smiled softly. "That's your grandmother when she was your age."

Sofie grabbed the diary and started flipping through its pages. The handwriting was curly, but legible. "Dear diary," Sofie read aloud, "today I found a kitten by the river. I named it Felix."

Her mom laughed. "Your grandmother loved animals. Felix was her first pet."

They kept reading and discovered stories about Grandma's school life, her dreams of becoming an artist, and her secret meetings with a boy named Lars – Sofie's grandfather.

Sofie looked up. "She had such an exciting childhood. I didn't know she was so adventurous."

"Your grandmother was always full of stories," her mom said. "And now she's sharing them with you, even though she's no longer here."

After looking at everything in the box, Sofie turned to her mom. "Mom, can we make our own time capsule?"

Her mom thought for a moment. "That's a wonderful idea. What would you put in it?"

Sofie ran upstairs to her room and started gathering things. She found her favorite book, a drawing she had made, and a bracelet her best friend had given her. She also wrote a letter:

"To the one who finds this time capsule. My name is Sofie, and I love to draw, read, and play in the garden. I hope you are well and that the world is still a beautiful place."

The next day, Sofie and her mom dug a hole under the big apple tree in the garden. They carefully placed the new time capsule inside and covered it up.

"Do you think someone will find it one day?" Sofie asked.

"Definitely," her mom said. "And when they do, they'll learn a little about who you were and what life was like today."

Sofie looked up at the sky, where the sun was breaking through the branches. She thought about her grandmother and how their stories were now connected through something as simple as a little metal box.

Villads og Vinterens Magi

Det første snefnug dalede ned fra himlen og lagde sig som et hvidt tæppe over landsbyen. Villads, en nysgerrig og venlig dreng på ti år, kiggede ud af vinduet i sit værelse og smilede. Han elskede vinteren. Sneen, kulden og de mange lege, han kunne finde på udenfor.

Men denne vinter føltes anderledes. Da han gik gennem landsbyen på vej til købmanden, bemærkede han, hvor stille det var. Folk skyndte sig indenfor, og kun få hilste, som de plejede. En af dem var Fru Petersen, der boede alene i det store, gamle hus for enden af vejen.

Fru Petersen havde boet i landsbyen så længe, Villads kunne huske, men han vidste ikke meget om hende. Hun kom sjældent udenfor og talte kun med få mennesker. Villads havde engang hørt sin mor sige, at hun var blevet meget ensom, siden hendes mand døde.

På vej hjem fra købmanden stoppede Villads op foran hendes hus. Ruderne var dækket af frost, og der lå næsten ingen fodspor i sneen foran døren. "Hun må fryse," tænkte han og gik videre hjem.

Da han kom hjem, spurgte han sin mor: "Mor, hvorfor er der aldrig nogen, der besøger Fru Petersen?"

Hans mor sukkede. "Mange i landsbyen har travlt med deres egne ting, og Fru Petersen har altid holdt sig lidt for sig selv. Men det betyder ikke, at hun ikke savner selskab."

Villads kunne ikke lade være med at tænke på Fru Petersen hele aftenen. Næste morgen havde han en idé. Han samlede sine venner fra nabolaget – Emma, Magnus og Sofie – og fortalte dem om sin plan.

"Vi skal bringe lidt glæde til Fru Petersen," sagde han. "Det er snart jul, og ingen skal føle sig ensomme."

"Men hvordan?" spurgte Emma.

"Vi kan lave noget for hende," foreslog Villads. "Vi kan bage småkager, lave julepynt og måske synge en julesang for hende."

"Det lyder sjovt!" sagde Magnus. "Lad os gøre det!"

Børnene gik straks i gang. Sofie og Villads bagte småkager i køkkenet, mens Emma og Magnus klippede julepynt af papir og glitrende bånd. De lavede guirlander, hjerter og små stjerner, som de kunne hænge op uden for Fru Petersens hus.

Villads skrev også et kort, hvor der stod:

"Kære Fru Petersen, vi håber, at dette kan bringe lidt varme og glæde til din vinter. Fra dine naboer."

Da alt var klart, pakkede de det hele i kurve og gik gennem sneen mod Fru Petersens hus.

De stillede sig foran hendes dør og bankede på. Efter et øjeblik åbnede Fru Petersen døren. Hun så overrasket ud, da hun så børnene stå der med deres kurve og brede smil.

"God jul, Fru Petersen!" sagde Villads og rakte hende kortet.

"Hvad er alt dette?" spurgte hun forbløffet.

"Det er til dig," sagde Emma. "Vi ville gerne gøre noget for dig, fordi vi ved, at du bor alene."

Fru Petersens øjne fyldtes med tårer, men hun smilede varmt. "Det er det rareste, nogen har gjort for mig i mange år. Tak, kære børn."

Nyheden om børnenes venlighed spredte sig hurtigt i landsbyen. Flere naboer begyndte at komme forbi Fru Petersen med små gaver, hjemmelavet suppe og tid til en kop kaffe.

En uge senere inviterede Fru Petersen hele landsbyen til en fest i sin have, der nu var pyntet med lys og julepynt. Sneen glimtede, og børnene løb rundt og legede.

Villads stod og kiggede på scenen. "Se, hvad vi har gjort," sagde han stolt til Emma.

"Det var din idé," sagde hun.

"Det var vores alles arbejde," svarede Villads med et smil.

Villads vidste, at de havde gjort noget særligt. Vinterens magi handlede ikke kun om sne og jul, men om venlighed, fællesskab og at huske dem, der ellers kunne blive glemt.

Villads and the Magic of Winter

The first snowflake drifted down from the sky and settled like a white blanket over the village. Villads, a curious and friendly ten-year-old boy, looked out the window of his room and smiled. He loved winter—the snow, the cold, and all the games he could think of playing outside.

But this winter felt different. As he walked through the village on his way to the store, he noticed how quiet it was. People hurried inside, and only a few greeted him, as they usually did. One of them was Mrs. Petersen, who lived alone in the large, old house at the end of the street.

Mrs. Petersen had lived in the village for as long as Villads could remember, but he didn't know much about her. She rarely went outside and only spoke to a few people. Villads had once heard his mom say that she had become very lonely since her husband passed away.

On his way home from the store, Villads stopped in front of her house. The windows were covered in frost, and there were almost no footprints in the snow in front of the door. "She must be freezing," he thought and continued his way home.

When he got home, he asked his mom, "Mom, why doesn't anyone visit Mrs. Petersen?"

His mom sighed. "Many people in the village are busy with their own lives, and Mrs. Petersen has always kept to herself. But that doesn't mean she doesn't miss company."

Villads couldn't stop thinking about Mrs. Petersen all evening. The next morning, he had an idea. He gathered his friends from the neighborhood—Emma, Magnus, and Sofie—and told them about his plan.

"We need to bring some joy to Mrs. Petersen," he said. "It's almost Christmas, and no one should feel lonely."

"But how?" asked Emma.

"We can make something for her," suggested Villads. "We can bake cookies, make Christmas decorations, and maybe sing a Christmas carol for her."

"That sounds fun!" said Magnus. "Let's do it!"

The children got to work right away. Sofie and Villads baked cookies in the kitchen, while Emma and Magnus cut out Christmas decorations from paper and shiny ribbons. They made garlands, hearts, and small stars to hang outside Mrs. Petersen's house.

Villads also wrote a card that said:

"Dear Mrs. Petersen, we hope this brings some warmth and joy to your winter. From your neighbors."

When everything was ready, they packed it all into baskets and walked through the snow toward Mrs. Petersen's house.

They stood in front of her door and knocked. After a moment, Mrs. Petersen opened the door. She looked surprised when she saw the children standing there with their baskets and wide smiles.

"Merry Christmas, Mrs. Petersen!" Villads said, handing her the card.

"What is all this?" she asked, astonished.

"It's for you," said Emma. "We wanted to do something for you because we know you live alone."

Mrs. Petersen's eyes filled with tears, but she smiled warmly. "This is the kindest thing anyone has done for me in many years. Thank you, dear children."

The news of the children's kindness spread quickly throughout the village. More neighbors began visiting Mrs. Petersen with small gifts, homemade soup, and time for a cup of coffee.

A week later, Mrs. Petersen invited the whole village to a party in her garden, now decorated with lights and Christmas ornaments. The snow glittered, and the children ran around playing.

Villads stood and watched the scene. "Look at what we've done," he said proudly to Emma.

"It was your idea," she said.

"It was all of our work," Villads replied with a smile.

Villads knew they had done something special. The magic of winter wasn't just about snow and Christmas—it was about kindness, community, and remembering those who might otherwise be forgotten.

Milo og Liva: En Rejse for Venner

Milo var en stille dreng. Han elskede at sidde i sin yndlingsstol ved vinduet og læse om fjerne verdener, helte og mysterier. Men han var ikke modig. Han undgik ofte nye mennesker og nye steder, for han følte sig mere tryg i sit eget hjørne af verden.

Liva var det modsatte. Hun var en nysgerrig pige, der altid var på udkig efter eventyr. Hvis der var noget at opdage, var Liva altid den første til at finde det. Hun og Milo havde været naboer så længe, de kunne huske, men de havde aldrig rigtigt leget sammen.

En solrig sommermorgen, mens Milo sad i sin stol, bankede det pludselig på vinduet. Det var Liva. Hun vinkede ivrigt og holdt noget i hånden. Milo åbnede vinduet.

"Se, hvad jeg har fundet!" sagde hun og holdt et gammelt, krøllet kort op.

"Kortet lå gemt bag en løs mursten i vores kælder," forklarede hun. "Det viser vejen til noget, der hedder Skovgræde. Vil du med på en opdagelsesrejse?"

Milo tøvede. Det lød spændende, men også lidt skræmmende.

"Kom nu," sagde Liva med et grin. "Du kan ikke læse om eventyr hele tiden. Nogle gange skal man opleve dem!"

Efter lidt overtalelse nikkede Milo forsigtigt, og de begav sig afsted.

Kortet førte dem gennem landsbyen og ud i skoven. Træerne var høje og tætte, og lyset dansede gennem bladene. Milo holdt kortet, mens Liva gik forrest og spejdede efter de mærker, som kortet viste.

"Der!" sagde Liva pludselig og pegede. Et gammelt træ med en mærkelig spiralformet udskæring stod foran dem.

"Det er det første tegn," sagde Milo og sammenlignede det med kortet. "Vi er på rette vej."

De fortsatte dybere ind i skoven. Snart nåede de en lille bæk, der snoede sig som en sølvtråd mellem stenene. Liva sprang let over, men Milo tøvede.

"Jeg er ikke god til sådan noget," mumlede han.

"Her, tag min hånd," sagde Liva og rakte hånden ud. Milo greb den, og med hendes hjælp kom han sikkert over.

Da solen begyndte at gå ned, hørte de en svag lyd. Det lød som en hvisken. Milo og Liva stoppede op og så sig omkring. Bag en busk fandt de en lille hare, der havde fået sit ene ben viklet ind i noget snor.

"Vi må hjælpe den," sagde Liva straks.

"Men hvad nu hvis den bider?" spurgte Milo nervøst.

"Vi kan ikke bare lade den være," svarede Liva bestemt.

Sammen arbejdede de forsigtigt for at løsne snoren. Haren så på dem med store, frygtsomme øjne, men den gjorde ingen modstand. Da den var fri, hoppede den et par skridt væk, vendte sig og så på dem, som om den sagde tak, før den forsvandt ind i skoven.

Kort efter nåede de en lysning. Midt i lysningen stod et gammelt egetræ med gyldne blade, der glimtede i solens sidste stråler.

"Det er Skovgræde," hviskede Liva.

De gik tættere på og opdagede en lille kiste, der lå gemt ved træets fod. Inde i kisten fandt de en samling små genstande – en nøgle, en sten, en lille bog og et brev.

Brevet var skrevet med sirlig håndskrift:

"Til den, der finder dette sted: Skovgræde er mere end en lysning. Det er et sted, hvor man lærer, at mod og venskab kan overvinde alt. Brug disse genstande klogt, og del dem med dem, der har brug for dem."

Milo og Liva smilede til hinanden. De havde ikke bare fundet Skovgræde – de havde også opdaget styrken i deres venskab og modet til at hjælpe andre.

På vej hjem snakkede de om alt, hvad de havde oplevet.

"Milo, du var faktisk ret modig i dag," sagde Liva med et smil.

"Det var kun fordi, du var der," svarede Milo.

Fra den dag af blev Milo og Liva uadskillelige. Sammen delte de historien om Skovgræde med andre og mindede dem om, at venskab og mod kan skabe eventyr, der varer evigt.

Milo and Liva: A Journey for Friends

Milo was a quiet boy. He loved sitting in his favorite chair by the window, reading about distant worlds, heroes, and mysteries. But he wasn't brave. He often avoided new people and places because he felt safer in his own little corner of the world.

Liva was the opposite. She was a curious girl who was always on the lookout for adventure. If there was something to discover, Liva was always the first to find it. She and Milo had been neighbors for as long as they could remember, but they had never really played together.

One sunny summer morning, as Milo sat in his chair, there was a sudden knock on the window. It was Liva. She waved eagerly, holding something in her hand. Milo opened the window.

"Look what I found!" she said, holding up an old, crumpled map.

"The map was hidden behind a loose brick in our basement," she explained. "It shows the way to a place called Forest's Lament. Do you want to go on an adventure?"

Milo hesitated. It sounded exciting but also a little scary.

"Come on," Liva said with a grin. "You can't just read about adventures all the time. Sometimes you have to live them!"

After a bit of convincing, Milo nodded hesitantly, and they set off.

The map led them through the village and into the forest. The trees were tall and dense, and the sunlight danced through the leaves. Milo held the map while Liva led the way, looking out for the marks shown on it.

"There!" Liva said suddenly, pointing. An old tree with a strange spiral-shaped carving stood before them.

"It's the first sign," Milo said, comparing it to the map. "We're on the right track."

They ventured deeper into the forest. Soon they reached a small stream that wound like a silver thread between the stones. Liva jumped across easily, but Milo hesitated.

"I'm not good at this," he mumbled.

"Here, take my hand," Liva said, reaching out. Milo grabbed it, and with her help, he made it across safely.

As the sun began to set, they heard a faint sound. It sounded like a whisper. Milo and Liva stopped and looked around. Behind a bush, they found a small hare with one of its legs caught in some string.

"We have to help it," Liva said immediately.

"But what if it bites?" Milo asked nervously.

"We can't just leave it," Liva replied firmly.

Together, they carefully worked to free the string. The hare looked at them with big, frightened eyes but didn't resist. Once it was free, it hopped a few steps away, turned, and looked at them as if to say thank you before disappearing into the forest.

Soon after, they reached a clearing. In the center stood an ancient oak tree with golden leaves that glittered in the last rays of sunlight.

"This is Forest's Lament," Liva whispered.

They walked closer and discovered a small chest hidden at the base of the tree. Inside the chest, they found a collection of small objects – a key, a stone, a tiny book, and a letter.

The letter was written in elegant handwriting:

"To the one who finds this place: Forest's Lament is more than a clearing. It's a place where you learn that courage and friendship can overcome anything. Use these items wisely and share them with those who need them."

Milo and Liva smiled at each other. They hadn't just found Forest's Lament – they had also discovered the strength of their friendship and the courage to help others.

On the way home, they talked about everything they had experienced.

"Milo, you were actually pretty brave today," Liva said with a smile.

"It was only because you were there," Milo replied.

From that day on, Milo and Liva were inseparable. Together, they shared the story of Forest's Lament with others and reminded them that friendship and courage can create adventures that last forever.